चित्रा सिंह की कविताएँ बहुत कम शब्दों में बहुत कुछ को कह देने को आतुर हैं। कवि को लगता है कि वह बोले गये वाक्य के अर्थ कहीं रख कर भूल गयी है। इसलिए वाक्य में आये शब्द भारहीन होकर अन्तरिक्ष में तैर रहे, बिखर गये हैं और वो उसकी पहुँच से बाहर हो गये हैं। उसके सपनों के तालों की चाबियाँ सितारों के पास हैं और उनको देखने को वो आसमान की तरफ़ देखती है लेकिन उसे पता है कि सितारे कब किसकी झोली में आकर गिरते हैं। इन कविताओं में प्रकट-अप्रकट और उदासी और ख़ुशी का खेल और उनके बीच का द्वैत जीवन की ही तरह निरन्तर बने रहते हैं। ख़ुशी जब बाहर गुल्ली-डंडा खेल रही होती है उदासी सूनी तिजोरियों की चाबी खोज रही होती है। जब वह स्वयं भीतर होती है एक अप्रकट की छाया बाहर होती है। जो दिन के उगते ही पेड़ों की ओट में चला जाता है। लेकिन चिड़िया जानती है कि उसके सकोरों में दाना-पानी किसने रखा है। उसकी जेबों में कुछ खनक रहा है, उसको लगता है कि उसने मेरी हँसी को अब तक शायद सँभालकर रखा हो। उस अप्रकट के आने की प्रतीक्षा भी है। इन्तज़ार की एक लालटेन है जो दोनों के बीच निश्चित दूरी पर लटक रही है। ख़ुशी और उदासी का यह खेल उसके मन के कई कोनों-अँतरों को उजागर करता चलता है।

मन में अतृप्त इच्छाओं के जो तहखाने हैं, उनकी धूलभरी सीढ़ियों पर वह नंगे पैरों चढ़ती-उतरती है। लेकिन वह इन इच्छाओं को अपनी प्रार्थना में शामिल नहीं करती। वह मज़बूती के साथ उन इच्छाओं का हाथ पकड़ कर किसी नदी या तालाब में सिरा देती है। वह चाहती है कि छाँव धूप से अपना हिस्सा माँगे। उदासी के चेहरे पर मुस्कान का स्वाद रहे। नाउम्मीदों को उम्मीद का सहारा मिले । अँधेरे उजालों से रोशनी में मिल सकें। चुप्पी घृणा के विरोध में हथियार की तरह खड़ी हो । जहाँ ज़रूरी हो वहाँ बोला जाये वरना हमारे समर्थन में खड़ा सच निहत्था मारा जायेगा।

चित्रा सिंह की कविता एक कठिन समय में सच के पक्ष में बोलने की ज़रूरत को रेखांकित करती कविता है।

—राजेश जोशी

नदी की गीली आँखें

चित्रा सिंह

वाणी प्रकाशन

प्रकाशन के उत्कृष्टतम 63 वर्ष

vaniprakashan.com

पेपरबैक पहला संस्करण : 2026

वाणी प्रकाशन

4695, 21-ए, दरियागंज, नयी दिल्ली-110 002

फ़ोन : + 91 11 23273167, 23275710

शाखाएँ

अशोक राजपथ, पटना-800 004, बिहार

कॉफ़ी हाउस कैम्पस, महात्मा गांधी मार्ग, प्रयागराज-211 001, उत्तर प्रदेश

महात्मा गांधी अन्तरराष्ट्रीय हिन्दी विश्वविद्यालय, वर्धा-442 001, महाराष्ट्र

sales@vaniprakashan.in

vaniprakashan@gmail.com

Nadi Ki Gili Aankhen

by Chitra Singh

ISBN : 978-93-7348-492-1

Poetry Collection

मूल्य : ₹ 195

जी.एस. ऑफ़सेट, दिल्ली-110 095 में मुद्रित

वाणी प्रकाशन का लोगो मक़बूल फ़िदा हुसैन की कूची से

"प्रिया-मोहित के लिए"

भूमिका

अक्सर सोचा करती हूँ कि, अगर मैं मनुष्य ना होती तो कोई पेड़ होती, चिड़िया होती याकि फिर कोई नदी। कवि के भीतर कल्पना की एक अलग ही दुनिया रची बसी होती है जो लगातार प्रकृति से संवाद करते हुए चलती है। मनुष्य और प्रकृति का सम्बन्ध ठीक वैसा ही है जैसे कि आत्मा और शरीर का हमारा तर्क चिन्तन-मनन, स्मृति सबकुछ उसी से जुड़ा है। कभी अकेले में चुपचाप प्रकृति को देर तक निहारना उसके भीतर घट रहे स्पन्दन को महसूस करना उसके कण-कण में व्याप्त जीवन मुझे सकारात्मक ऊर्जा से भर देता है। जीवन का इतना शान्त और सहज प्रवाह वह भी बिना किसी अविचलन के। बाहरी दुनिया के साथ मन का सामंजस्य बिठाकर धैर्य के साथ आगे बढ़ना भी मैंने इसी से सीखा और भी बहुत कुछ है जो मुझे अपनी ओर खींचता है और यह भी की मैं ठीक इसी समय ख़ुद को ईश्वर के बेहद करीब पाती हूँ।

कविता दरअसल हमारे अनुभवों का आदान-प्रदान है समझ विकसित होने से लेकर अब तक की जितनी बातें मैंने ख़ुद से कीं और वे बातें जो प्रकृति से भी सारी बातें कविताओं के रूप में यहाँ दर्ज है या यूँ कहूँ कि मेरे और प्रकृति के बीच निरन्तर चल रहे संवाद का सेतु ये कविताएँ हैं।

आशा करती हूँ कि मेरे तीसरे संग्रह की कविताएँ आप सभी को मेरे भीतर रची बसी उस सुन्दर दुनिया के रंगों से परिचित करायेंगी जहाँ जीवन के प्रति गहरी आसक्ति भी है और एक मासूमियत भरी उम्मीद भी...।

-चित्रा सिंह

अनुक्रम

चाँद की आत्मा

रात जब सो रही हो
गहरी नींद की गोद में
तारों से छिप-छिपाकर
चाँद की आत्मा कर जाती है प्रवेश
नदी की देह में
सतह पर बैठ पहरा देता है जल
उन मिलन के क्षणों का
सूर्य देता है अर्ध्य किरणों से
पवित्र नदी का ध्यान भंग करने
उनके द्वारा की गयी
सामूहिक प्रार्थनाओं का सच
केवल सुबह को पता होता है।

लैम्पपोस्ट

लैम्पपोस्ट की रोशनी से
बातें कर रही हूँ मैं
सामने से गुज़रने वाली
लम्बी काली सड़क थम गयी है
पत्तों ने भी बन्द कर दी है
आपस की बातें
अभी-अभी अधनींद से
जागी है कोई टहनी
पूछ रही है तने से
सुबह होने में कितनी देर बाक़ी है।

हँसी की भाषा में

जैसे फिसल जाती है
रेत गुपचुप
जितना भी बाँधे
या भींचें मुठियाँ
ऐसे ही कितने सारे शब्द
जो कह नहीं पाते-कभी
किसी से अपना मन
कोई पदचाप किये बग़ैर ही
होंठों के करीब से होकर गुज़रते हुए
हँसी की भाषा में
चुपचाप झर जाते हैं।

साँसों के आईने में

दु:ख भीतर की किसी
आख़िरी तह में जा छिपा है
बाहर है सबकुछ
शान्त और स्थिर
पृथ्वी की हलचल से
संचालित धड़कने
साँसों के आईने में
झुठ-मूठ का स्पन्दन
आत्मा मुक्त हो जा मिली है
पंच-तत्त्वों से
देह मात्र अब
एक पार्थिव शरीर है।

और यह दिन भी

और यह दिन भी
गुज़र जायेगा चुपचाप
आँखों की आस को
धोखा होगा, दिखायी देगा
उन्हें सुदूर चमकीला रेगिस्तान
प्यास लेती रहेगी थाह
उम्मीद के कलसे की
तली में जमा बचा रखी
आख़िरी दो-चार बूँद से ही
भरना होगा हमें
अपना-रीता-मन
झूठ-मूठ ही सही
ख़ुद को रिक्त करते रहेंगे
हम यूँ ही हर रोज़
कुछ इसी तरह।

छाँव को चाहिये

छाँव को चाहिये कि माँगे
धूप से अपना हिस्सा

उदासी के चेहरे पर
मुस्कान का स्वाद रहना चाहिये

घोर निराशा को
आशाओं का दामन पकड़ना चाहिये

लड़खड़ाती नाउम्मीदों को
उम्मीद के सहारे चलना चाहिये

भरोसे को चाहिये जा बैठे
यकीन की ऊँची मचान पर

अँधेरे को उजालों से
रोशनी में मिलना चाहिये।

हरी दूब

कई रोज़ बाद छुआ
धूप ने नम आँखों को
और जी उठे कुछ स्वप्न
पेड़ों ने सीधी की अपनी रीढ़
शाखों ने भी खोली बन्द मुठ्ठियाँ
पत्तों ने ज़ोर से झटके केश
जो जा उड़े आसमानों तक
जिन्हें आख़िर धरती पर
वापस ले ही आयी हवा
और ढाँप दिया महीनों से
मलिन पड़े धरती के काईदार चेहरे को
उन नये सपनों का नाम
'हरी दूब' था।

कभी-कभार

कभी-कभार
उस पार देखने को
बीच से मोटी दीवार का
ढह जाना ज़रूरी होता है
बशर्ते उसकी जगह लेले
कोई शीशा या झीना पर्दा
केवल आड़ भर के लिए
आँखों को तब भी
मिलता रहेगा स्पर्श
अपने पसन्दीदा दृश्य का
जिन्हें छूकर
मैला किये जाने के
इल्ज़ाम से बरी रहेंगी उँगलियाँ।

सिन्दूरी शाम का चेहरा

आसमान झाँक-झाँक देख रहा है
झील के आइने में अपना अक्स

बादल की नीली आँखें कर रही हैं
कब से पीछा-पीली धूप का

मछलियाँ गा रही हैं मध्यम स्वर में
फिर कोई नया प्रेमगीत

हवा के साज पर छेड़ा है
पानी ने राग हिलोर

प्रकृति के खुले केशों पर
चम्पा ने रखा अभी-अभी
अधखिला एक फूल

सिन्दूरी शाम का चेहरा अब
उदास कहाँ है?

नदी का मन

आसमानी लिफ़ाफ़े से झाँकते
आख़िरी ख़त ने भी नहीं बांचा
उसका नाम और पता
आँखें खोजती रह गयीं
महफ़ूज़-सी जगह
पीड़ा को छिपाने की
दरख़्तों के मज़बूत कन्धे भी
नहीं सह पाये जिसका बोझ
कोरे इन्तज़ार का मौसम रीत चुका है
बादलों से बहकर करीब-करीब पूरा
मटमैला तो यूँ ही था
और अब अनमना भी
हो चला है मन नदी का।

काठ के पाँव

एक धुरी जिस पर घूमती है पृथ्वी
उसी तरह तुम हो अपने आप में पूरी

गढ़ती हो हर रोज़ पर ख़ुद में रखकर लोच
ताकि ढल सको नित नये आकार में
वो माटी की सोंधी सुगन्ध तुम ख़ुद ही हो

एक चाँद जो घटता-बढ़ता तो है हर दिन
पर छटाँक भर भी कम नहीं होता कभी

वो नदियाँ जो गाती हैं झिर सावन के गीत
भादो की हरियाली दूब का मासूम चेहरा भी
तुम ही हो

बसन्ती हवा के चंचल मन का पता ठिकाना
ठिठुरती सर्दी के सर पर ढकी दुशाला धूप
जेठ की दुपहरी के माथे से टपकी बूँद

जंगल-जंगल कूकती टेरती पुकारती
कोयल बया मैना याकि टिटहरी

अपने अस्तित्व के साथ खड़े अकेले
तुम्हारे काठ के पाँव जो लगातार मग्न हैं

हर्षोल्लास के साथ नृत्य में तल्लीन
पूरी की पूरी सृष्टि तुम ही तो हो।

धरती की गोद भराई

पृथ्वी एक केन्द्र बिन्दु है
वृत्ताकार गोले का
जिसकी परिधि के इर्द-गिर्द
असंख्य स्त्रियाँ नृत्य कर रही हैं
वे अपने सधे पैरों से
देती हैं जब-जब थाप
तब-तब वृत्त के भीतर
हलचल और कोलाहल
पैदा होते हैं
बिन्दु के गर्भ में पड़ा एक बीज
आँखें मल उठ खड़ा होता है
स्त्रियों के चेहरों पर
सिन्दूरी आभा बिखरती है
वे उसे नाम देती हैं
"शुभकामनाओं का फूल"
जो धरती की
गोद भराई से उपजा है।

पृथ्वी के सीने पर

पृथ्वी के सीने पर
सदियों से स्थित है हिमालय
फिर भी साँस ले पा रही है वह
अनन्त समुद्री तूफ़ानों से घिर कर भी
उसने बचा रखी है
उतने हिस्से की ज़मीन
जिस पर खिल सकें फूल
और धूप रख सके अपने नन्हें पाँव
क्या इतना काफ़ी नहीं है
तुम्हारे लिए कि तुम भी
खिलखिलाकर हँसते हुए
जी सको इन सबके बीच।

मौसम के हवाले धरती

मौसम का अपना वक़्त है
आने जाने का
धरती का क्या है?
धरती का क्या है?
वो तो बिछी है
उसके इन्तज़ार में
उसके बस का कुछ नहीं
न धूप,ना कोहरा,ना बारिश
मौसम के हवाले हो चुकी है
धरती पूरी की पूरी।

बिछुड़ी हुई साँझ

किनारे पर आकर
ठहर गयी है
अपने दिन से
बिछुड़ी साँझ
नदी के आख़िरी छोर पर
सूरज कब से ठहरा हुआ है
जिसकी आस में
धरती पर पसरा है गहन सन्नाटा
कुछ सितारों ने दूर से की है
हल्की-सी रोशनी
चाँद आज फिर कहीं
भटक ना जाये
मेरे आँगन का रास्ता।

नदी की प्यास

नदी ने किनारे की
पीठ पर लिखी है
अपने हिस्से की थोड़ी-सी प्यास
अगली बार मिलो तुम
जब किसी नदी से
तो उसे पढ़ना ज़रूर।

किनारे की मिट्टी

देख आते ही दूर से
पानी के व्यग्र आवेग को
अपनी ओर खसक
आती है थोड़ा और
किनारे की मिट्टी है वह
बहाव से बचना उसे
भलीभाँति आता है।

हँसी के पंख

एक चिड़िया
जिसके पास पंख है हँसी के
बैठी है एक डाल पर
खुली खिड़कियाँ
जिसका स्वागत करने को हैं आतुर
चिड़िया अपनी चोंच में
दबाए है जाने कितनी
अच्छी-अच्छी प्यारी बातें
जो नहीं मिलेंगी तुम्हें
किसी किताब में।

उम्मीद की बेल

तितली ने पत्तों की पीठ पर
लिखा है फिर नया कोई गीत
भँवरे गुन रहे हैं जिस पर धुन
मन के टूटे तारों के सिरों को
खोजती-जोड़ती उँगलियाँ
उम्मीद की बेल थोड़ा और आगे बढ़ी
आँगन में ठहरी थी जो सारी दोपहर
जीवन कब रुकता है?
किसी का? किसी के बिना?

बूँद एक मोती

एक कोरी-सी सुबह पर
ढेर सारी बूँदों ने लिखा है
अपने-अपने घर का पता
कुछ जो रहती हैं
सपनों की अलकों पर
और कुछ रहती हैं
नींदों की पलकों पर
कुछ बूँदे काग़ज़ की
नाव पर रहती है
और कुछ मुँडेरों के
ठाँव पर रहती हैं
एक बूँद जिसे पी गयी हूँ
मैं अपने भीतर
मोती है उसका पता।

उसकी आँखें

उसकी आँखें
एक सघन जंगल हैं
घर से निकलते ही सूर्य की किरणें
पूछती हैं सबसे पहले, जिसका पता
उसकी आँखें समुद्र का
गहरा नीला पानी है,
जिसमें तैरती असंख्य रंगीन मछलियाँ
गूथतीं है मोतियों की माला
उसकी आँखें कभी
ना खाली होने वाली नदी
का मीठा पानी है
जिसकी कोरों पर आकर
ठहरे हर दुख ने बुझाई अपनी प्यास
उसकी आँखों के पास
कई इन्द्रधनुषी रंग हैं
जो ठहर जायें
जिस किसी दृश्य पर
वह दृश्य फिर
देर तक रहता है हरा।

आकाश मेरा प्रेमी

मैं जितना अधिक प्रेम
समुद्र से करती हूँ,
आकाश से भी उतना ही
दोनों का ही विस्तार अनन्त है
दोनों बहुत गहरे
और स्याह सफ़ेद नीले
समुद्र अपनी लहरों को लेकर
बहुत उदार है
और उनके कई बार
टूटने-बिखरने के बाद भी
जाने नहीं देता अपने से दूर
आकाश के साथ भी कुछ ऐसा ही है
टिमटिमाते तारों के टूटने पर भी उसने
उन्हें गिरने नहीं दिया ज़मीन पर
या तो आकाश मेरा प्रेमी हो सकता है
या कि समुद्र
नहीं लेकिन तुम नहीं।

ख़ामोशी का घूँट

वह एक ऐसी नदी है
जिसका कोई रास्ता
समुद्र की ओर नहीं जाता
हवा जब कभी बहका देती है
उसका मन ज़रूरत से ज़्यादा
तब वह केवल
आसमान की तरफ़ देखती भर है
लेकिन नज़रें मिलाते ही उससे
फेर लेती है अपना मुँह
उसे आसमान से अपनी दूरी के
नाप का सही अन्दाज़ा है
और उससे भी कहीं अधिक
ख़ामोशी का घूँट पीकर
अधूरी प्यास के साथ
जीना उसे आता है।

कैनवस

उसके बनाये कुछ चित्रों के चेहरे
कैनवस से बाहर निकल गये हैं
और उसी रास्ते बह गये हैं
उनमें जमावट से भरे रंग भी
रंग जो एकाकार हो गये हैं
अपना मूल स्वरूप खोकर
चित्रों के चेहरे भी बदरंग
लेकिन अपने कैनवस की
इस बेतरतीबी से
ना ही वो हताश है, ना निराश
क्योंकि वह जीवन को एक बड़े
कैनवस पर देखती है।

अतीत की झाँक

कभी उसका भी एक सुन्दर
अतीत हुआ करता था
जिसमें झाँक-झाँक कर
देखा करती है वह अपना चेहरा
अतीत की झाँक से केवल
उसका मन ही नहीं झुलसा है
झुलसी है आत्मा भी
आत्मा से उठती हूक
फिर-फिर
जाने किसे पुकारती है?

शब्दों के ख़ाली लिबास

ज़िन्दगी की किताब में
बुरे वक़्त से भरे हुए
कई ख़ाली पन्ने हैं
जिन पर लिखे तो
जा सकते थे
कई क़िस्से
पर उन क़िस्सों ने
काग़ज़ों के पीछे ही
अपना मुँह छिपाना
ज़रूरी समझा।
शब्दों को भी ख़ाली
लिबास बनकर
पन्नों पर टँगे रहना
कहाँ मंज़ूर था
और इस तरह
क़िस्सों, शब्दों और
ख़ाली पन्नों ने मिलकर
मेरे दुखों की लाज रख ली।

सूनी पटरियाँ

मैं भीड़ से दबी हुई
एक रेल
तमाम विस्थापनों को
अपने शरीर पर बाँधे हुए
समय पर पहुँचने की
प्रतिबद्धता के साथ
सूनी पटरियों पर
लगातार दौड़ रही हूँ।

शीशे के टुकड़े-सी

शीशे के टुकड़ों-सी
बिखर गयी है ज़िन्दगी
तिनका-तिनका चुभ रहा है
हर कही
तिस पर भी
चलने को मजबूर, मैं
रोज़ होती हूँ लहूलुहान।

स्त्री

मेरे ही घर में रहती है वह
जो घर से निकलते ही मेरे
शुरू कर देती है काम
नये सिरे से सजाती है घर को
गुलदान में लगाती है ताज़े फूल
पौधों को देती है पानी
खाना पकाती है सुखाती है कपड़े
तह कर रखती है करीने से
मैं थक हार कर
जब लौटती हूँ घर
ढ़ेर हो जाती हूँ बिस्तर पर
सज धज कर सारी रात
वह करती है तुम्हारा इन्तज़ार।

औरतें

पक्की मिट्टी वाली औरतें
पाजेब पहन लाँघती हैं
दहलीज़
लेकर सिन्दूर की डिबियाभर सपने
गढ़ती हैं ख़ुद को रोज़
नित नये आकार में
चक्की में पिसते
चून की तरह
बारीक और बारीक
चूल्हे पर सिकती रोटी जैसे
आठों पहर खटती
बर्तन भर भरती-झरती
ढुल जातीं आख़िरी बूँद तक
कई-कई बार धुली सफ़ेद चादर-सी
बिछ जाया करतीं हैं बिस्तर पर।

पहले पहल वे छीनेंगे

पहले पहल वे छीनेंगे
तुमसे तुम्हारी हँसी
फिर छीनेंगे बेहद धीमे-से
तुम्हारे हिस्से का वह सुख
जिसके बल पर तुमने दोबारा
खड़ा किया ख़ुद को
किसी को यह जाने दिये बग़ैर
कि इस सब में
कितनी बार लड़खड़ाते हुए
गिरी तुम औंधे मुँह
और रिसता रहा
हर ज़ख्म दिनों-महीनों तक
आख़िर में तुम पाओगी कि
तुम्हारे जीने का
हक और हुनर दोनों छिन गये हैं
बड़े अदब और
अदायगी से कहकर कि
प्यार तो देने का नाम है–ना?

मनुष्य होना

तुम्हारे घर से निकलने के ठीक पहले
घात लगाये होंगे वे कहीं ना कहीं
भीड़ जमात और झुण्ड में रहने वाले
गिद्ध दृष्टि और बगुले-सी चोंच लिए
याकि सर्प सरीखा फन फैलाये
जो कोसो दूर से भाँप लेंगे
तुम्हारे रक्त में घुली सहजता की गन्ध
तुम्हारा यूँ रीढ़ सीधा रख
देखना ऊँचा आसमान
चुभती है उन्हें तुम्हारी आभा, ऊर्जा
और आत्मविश्वास भरी उजास
लेकिन तुम बचाये रखना
अपने भीतर की भावुकता भरी नमी
माफ़ करते हुए उन्हें
बनाकर एक अलग रास्ता
उनसे जो नहीं सीख पाये
मनुष्यता याकि मनुष्य होना।

कटघरे में

कटघरे में खड़ाकर मैं ही
साबित की गयी ग़लत
ठहराया गया
मुझे ही दोषी
हर सवाल
मेरी ही तरफ़ हुआ मुख़ातिब
हादसों को ढोती रही उम्र भर
उनमें भी जिनमें
मैं कहीं नहीं थी
शामिल।

धूप का मखमली कोना

दिसम्बर की धूप का
वह मखमली कोना
बाजुओं पर जो ठहरा था देर तक तुम्हारे
शानों से फिसला और लुढ़ककर
चला आया दामन में सिमटकर
मेरे संग-संग
ठिठुरती सर्द रातों का
बेजान जिस्म
छुकर जिसे महसूस करता है
तुम्हारी उपस्थिति।

भीतर मैं हूँ

मैं हर रात खिड़की पर बैठकर
तुम्हारे वापस आने की
कल्पना को निहारा करती हूँ
खिड़की के बाहर जो दृश्य हैं
दरअसल वह रात के कोमल स्वर में
दो प्रेमियों द्वारा गाया हुआ
एक युगल गीत है
भीतर मैं हूँ बाहर तुम्हारी छाया
मैं कितने दिनों से आँक रही हूँ
जो रत्तीभर भी कम न हुई,
लोग कहते हैं कि
उन्हें तो कहीं ना दिखी
लेकिन जानती हूँ मैं कि दिन उगते ही
पेड़ों की ओट में छिप जाते हो तुम
चिड़िया भी जानती है कि उनके सकोरों में
दाना-पानी किसने रखा
घर की हर एक चीज़ पर मौन का चस्पा है
सिवा उन तस्वीरों के जो करती है
अब भी हमारे साथ की वे बातें।

इन्तज़ार की लालटेन

तुम प्लेटफ़ॉर्म के उस तरफ़
भीड़ के बीच
और मैं इस तरफ़
निपट अकेली खड़ी हूँ
इन्तज़ार निश्चित दूरी पर लटकी
हुई एक लालटेन है
जिसकी लौं पर थिर हैं चारों आँखें
सूनी पटरियों पर पसरी
उम्मीद ने धीरे-धीरे
विपरीत दिशाओं में
सरकना शुरू कर दिया है
अँधेरा इतना घुप और चुप है
कि हमारा 'अलविदा' कहना
टिमटिमाते तारों ने भी सुना।

ख़यालों के लिहाफ़

मैं ख़यालों के लिहाफ़ में लिपटी
किसी दीवार से सटकर बैठी हूँ
पेड़ की एक लचीली शाखा ने
किवाड़ को भीतर की ओर धकेला
और हवा के साथ-साथ एक साये के
आने की आहट भी हुई
जिसने आकर सबसे
पहले चूमा मेरी माँग को
मेरी नज़रों ने लजाकर
ऊँचा किया अपना सर
वो तुम्हारे काम से
घर वापस लौटने का वक़्त था।

आसमान की सफ़ेद चादर

सोचती हूँ अक्सर कि
आसमान की सफ़ेद चादर से
एक टुकड़े जितना कोना फाड़कर
काले बादलों की स्याही से
तुम्हें एक ख़त लिखूँ
लपेटूँ उसे धूप के रेशमी लिफ़ाफ़े में
हवा की नर्म-गुलाबी उँगलियों से कहूँ
की थामें रहे उस पर लिखा तुम्हारा नाम
लेकिन फिर सोचती हूँ कि किससे पुछूँ?
पता तुम्हारा? सूरज से चाँद से
या की सितारों से?

मैं एक बूँद

मैं एक बूँद
बारिश की
तुम्हारी हथेली पर गिरी
मोती बन गयी।

सीपी

सीपी में बन्द मोती के
जैसे पैठ गयी हों
गहरे पानी में
मन के भीतर
यादें हैं जो, तुम्हारी।

पानी पर लकीर

पानी पर खींच दे
जैसे कोई लकीर
ऐसे आये तुम जीवन में
मैं स्तब्ध-सी खड़ी हूँ
किनारे पर लहरों में
ढूँढ़ रही हूँ तुम्हारा चेहरा।

अनबुझे सवालों की दीवार

मेरे और तुम्हारे बीच
अनबुझे सवालों की एक दीवार
होती जाती वक़्त दर वक़्त
ऊँची और ऊँची
इस पार को अलग करती
उस पार से
क्यों नहीं फाँदी जाती वह दीवार
न सही मुझसे, तुमसे भी क्यों नहीं?

ग़लत पते की चिट्ठी

ग़लत पते की
चिट्ठी की तरह थी
मेरे जीवन में
तुम्हारी उपस्थिति
जिसे जाना ही था
वापस लौटकर
अपने सही ठिकाने पर।

अकेलापन

हमारे साथ होने में
घुला-मिला है
हमारे नितान्त
अकेलेपन का दुख
आइना देखने पर
एक-सी लगती है
जिसकी शक्लें
मैं और तुम
बिल्कुल एक से हैं
तन्हाई में मैं और
भीड़ में रहकर भी
कितने अकेले हैं हम-तुम।

स्मृतियों की धुन

तुम्हारी आवाज़ में
लेकर पुकारता है अब भी
कोई मेरा नाम
पार्श्व में बजती
स्मृतियों की धुन सरीखा
दृश्य में सधा है सबकुछ
वहीं का वहीं
बस तुम कहीं नहीं।

जेबों में उसकी

जेबों में उसकी
कुछ खनक रहा था
शायद बचा रखी हो अब तक
मेरी हँसी सँभालकर।

मुझे तुमसे कहा

मुझे तुमसे कहा
अपना हरेक वाक्य याद है
लेकिन मैं उनके अर्थ
कहीं रखकर भूल गयी हूँ
अत: उन वाक्यों में
समाहित शब्द
किसी भारहीन वस्तु की तरह
अन्तरिक्ष में तैर रहे हैं
जो मेरी–तुम्हारी पहुँच से
कोसों दूर है।

पानी पर खींच दे

पानी पर खींच दे
जैसे कोई लकीर
ऐसे आये तुम जीवन में
मैं स्तब्ध-सी खड़ी हूँ किनारे पर
लहरों में खोज रही हूँ तुम्हारा चेहरा।

इन्तज़ार की खिड़की

उम्मीद के दरवाज़े
बन्द हो गये हैं
ताले पड़ गये हैं
उनमें दूरियों के
इन्तज़ार की
एक खिड़की खुली है
अब तक जहाँ से आती है
धूप हवा बारिश
और तुम्हारी याद।

सच का कोना

तुम्हारे झूठ से टकराकर
मेरे सच का एक कोना
टूट गया है
जिसे ढापती हूँ रोज़
एक नये झूठ से।

रिश्ते

रिश्ते
सजाकर रख दिये हैं
गुलदान में
ड्राइंगरूम के बीचोबीच
उन पर जमा धूल
झाड़ दी जायेगी
छिड़क दिया जायेगा
थोड़ा इत्र
आगन्तुकों के आने से
ठीक पहले।

शाम के कन्धों पर

शाम के कन्धों पर सवार
यादें उतर रही हैं
घर के सूने आँगन में
साँसें कुछ थकी हुई
दिन भर की बैठ गयी है
सटकर एक दीवार से
साँसें कुछ और है बची हुई
हर रात के सिलसिले वाली
इन्तज़ार की
एक और रात के लिए।

दुःख का अँजुरी भर भाग

सुख के अनन्त आकाश को
दुःख के एक अँजुरी भर
हिस्से ने ढाँप लिया है
ये हिस्सा सुख के शरीर पर
तेज़ी से फैल रहा है
जिसकी चपेट में है सारे
बादल, धूप, सूरज और
चाँद-सितारे।

बादलों के उस पार

सुना था
बादलों के उस पार
रहता है कोई
जिसके हाथ में है
वह सबकुछ
जो सोचते हैं हम
चाहते हैं हम
लेकिन जब भी मैंने
उसकी तरफ़ ताका
वो मुझे बेबस-सा मिला।

ख़्वाबों के ताले

कुछ ख़्वाबों के
ताले की चाबियाँ
सितारों के पास होती हैं
जिन्हें पाने की कोशिश में हम
आसमान देख-देख भरमाते हैं
सितारे कब आकर
किसी की झोली में गिरे हैं?

अतृप्त इच्छायें

हमारे मन
अतृप्त इच्छाओं के
तहखाने हैं
अलसुबह नंगे पाँव
मैं जिसकी धूल भरी सीढ़ियाँ
चढ़ती-उतरती हूँ
उन इच्छाओं के शरीर को
मैं किसी बूढ़े पेड़ की जटाओं
से बाँधकर नहीं लटकाती
ना ही पर्ची पर लिखकर
आलेदान में रख अँधेरे में
उन पर दीया जलाती
मेरी दैनिक प्रार्थनाओं में कभी
मेरी किसी अधूरी इच्छा ने
अब तक हिस्सा नहीं लिया
मेरा मज़बूत मन हर रोज़
एक इच्छा की बाँह पकड़कर
प्रवाहित कर जल में उसे
ख़ुद-ब-ख़ुद तृप्त हो जाता है।

दुःख की गठरी

मन,
दुःख की गठरी लाद कर
जब भी निकलता है घर से
लोग वक़्त देखते हैं
बहुत कम देख पाते हैं
उसकी झुकी पीठ
और उस पर लदा
मनो बोझ।

नया रास्ता

मन
जिन रास्तों से
होकर गुज़रता है
कभी भी उन रास्तों से
वापस नहीं लौटता
वापसी के लिए
अपनाना ही होता है
उसे एक
नया रास्ता।

रात एक स्याह स्लेट है

रात एक स्याह स्लेट है
सुबह उसकी बत्ती
हम दिनभर
अपने मन का सारा सच
जिस पर
लिखते और मिटाते हैं।

हाथ की लकीरें

कई-कई रतजगों के
बोझ से दबी पलकें
हाथ की लकीरों में
रच गया है अकेलापन
चेहरे की महीन परतों से
पढ़ा जा सकता है हरेक दुःख
आ गया है शायद अब
आधी-अधूरी ज़िन्दगी का पड़ाव।

उदासी आज फिर

उदासी आज फिर
देर तक बैठी रही पास
कैलेण्डर से तारीख़ें
उठकर चली गयी
ख़ुद-ब-ख़ुद पीछे
दीवारों पर टँगी
मुस्कुराती तस्वीरों के चेहरे
लगे मुरझाने
आज फिर देर तक सोचा मैंने
तुम्हारे बारे में।

ज़िन्दगी का पता

खिड़की तक रही है
आसमान
सड़क खड़ी है
मोड़ के मुहाने पर
मोड़ लगा आया है
कई चक्कर
चौराहे तक जाकर
सब के सब ढूँढ़ रहे हैं
ज़िन्दगी का पता।

ख़ुशियाँ

ख़ुशियाँ खेल रही हैं
बाहर गुल्ली-डण्डा
उदासी
खोज रही है चाबी
सूनी तिज़ोरियों की।

एक मज़बूत पेड़ से

तुम एक मज़बूत पेड़ से
लिपटकर रो तो सकते हो,
लेकिन उससे यह
उम्मीद नहीं कर सकते
कि वह तुम्हारे आँसू पोंछे।

पेड़ रह जायेगा अकेला

पेड़ की टहनियों ने
जाने किस भरोसे
थाम रखा है
दोनों हाथों से
फूल का मासूम चेहरा
जानते हैं जबकि दोनों
कि झर जायेगा
एक दिन फूल और
पेड़ रह जायेगा फिर अकेला।

याद

हर याद की भी
एक मियाद होती है
और मियाद निकल जाने के बाद
वह याद किसी काम की
नहीं रह जाती फिर।

अतीत में लौटना

अतीत था जब वर्तमान
भविष्य लगा करता था
कितना सुखद
भविष्य बन चुका है
अब वर्तमान
मैं लौट जाना चाहती हूँ
वापस उस अतीत में।

कोई नयी बात

अब बात के लिए
कोई बात नहीं है
बातें सब हो चुकीं
बैठे हैं हम तुम
कब से ख़ामोश
सोच रहे हैं
कोई नयी बात
बात के लिए।

चुप्पियाँ

चुप्पियाँ
रिश्तों से
बच निकलने का
सबसे आसान
और आरामदायक
रास्ता होती है
और संवादहीनता
उन रिश्तों की मृत्यु।

चुप्पी

चुप्पी
घृणा के विरोध में खड़ा
सबसे धारदार शस्त्र है
लेकिन जहाँ ज़रूरी हो
वहाँ बोलना चाहिये
वर्ना
तुम्हारे समर्थन में खड़ा सच
निहत्था ही मारा जायेगा।

बन्द लिफ़ाफ़ों की तरह

बन्द लिफ़ाफ़ों की तरह
चले आते हैं लोग
वक़्त-बेवक़्त
मौसम-बे मौसम
पूछते
मेरे घर का पता।

एक पन्ना किताब का

वह जो सिर्फ़
एक पन्ना था
किताब का
पढ़कर पलट दिया है
जिसे अभी-अभी
अनगिनत पन्ने
पढ़ने को और है बाक़ी।

जो लिख दिया एक बार

अपना ही लिखा हुआ
पढ़ा नहीं जा रहा
मिटाया भी तो
नहीं जा रहा है
जो लिख दिया है
एक बार।

टूटा हुआ सपना

टूटे हुए सपने से
खुली सुबह फिर आँख
सपना फिर
चुभता रहा दिन भर।

नया सपना

पुराने सपने की
किरचें उठी नहीं थी
पूरी तरह
कि मन बुनने लगा है
फिर एक नया सपना।

सपनों का हरा होना

कुछ सपने जो झुलस गये थे
बीते मौसम की उमस और तपिश में

पानी की सतह को सड़क बना
काग़ज़ की नाव के पैरों से चलकर

आ पहुँचे हैं घर की दहलीज़ तक
मैं उन सपनों को मन के आँगन में
रोप रही हूँ,

जैसे तय होता है बारिश का होना
ठीक उसी तरह, धूप में कुम्हलाये
सपनों का हरा होना भी।

❑❑